**1.** **Was für ein Tier ist der Große Tümmler?**

*a) Schmetterling*

*b) Großkatze*

*c) Vogel*

*d) Delfin*



**2.** **Welches Reptil zählt zu den Riesenschlangen?**

*a) Kreuzotter*

*b) Netzpython*

*c) Ringelnatter*

*d) Königskobra*

**1d** Der Große Tümmler gehört zur Familie der Delfine. Es gibt etwa 40 verschiedene Delfinarten, aber der Große Tümmler ist der typischste Delfin von allen. Delfine gehören zur Ordnung der Wale und sind Säugetiere. Übrigens: Delfine schlafen nur mit einer Gehirnhälfte und haben beim Schlafen stets ein Auge geöffnet.

**2b** Der Netzpython ist eine ungiftige, aber dennoch gefährliche Schlange. Er tötet seine Beute, indem er diese fest umschlingt. Deshalb zählt man ihn nicht nur zu den Riesenschlangen, sondern auch zu den Würgeschlangen. Der Netzpython wird normalerweise zwischen vier und sechs Meter lang.

## 1. Welches Tier hat eine schwarze Haut?

*a) Eisbär*

*b) Rotfuchs*

*c) Grünfink*

*d) Eidechse*

---

## 2. Welches dieser Tiere hält einen Winterschlaf?

*a) Walross*

*b) Weißstorch*

*c) Murmeltier*

*d) Nashorn*

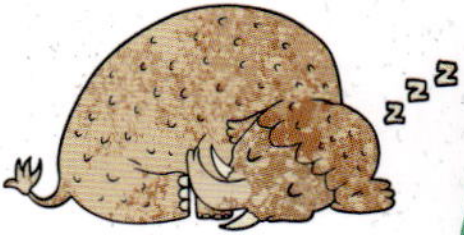

**1a** Der Eisbär hat ein weißes Fell, aber schwarze Haut. Da er in der Region um den Nordpol herum lebt, kommt ihm die schwarze Haut zugute.

Sie nimmt die Wärme der Sonnenstrahlen viel besser auf als helle Haut. Die Haut ist aber erst bei den ausgewachsenen Eisbären schwarz, bei den Eisbärjungen ist sie noch rosa.

**2c** Das Murmeltier ist ein großes Nagetier, das einen Winterschlaf hält, der zwischen sechs und neun Monate dauern kann. Daher stammt die Redewendung »schlafen wie ein Murmeltier«. In den warmen Monaten fressen sich die Murmeltiere das Fett an, von dem sie dann während des Winterschlafs zehren.

**1.** **Von welchen anderen Insekten werden Blattläuse »gemolken«?**

*a) von Ameisen*

*b) von Bienen*

*c) von Marienkäfern*

*d) von Fliegen*

---

**2.** **In welcher Formation fliegen Wildgänse?**

*a) N-Formation*

*b) Z-Formation*

*c) P-Formation*

*d) V-Formation*

**1a** Ameisen sind ganz wild auf die süßen Ausscheidungen der Blattläuse. Deshalb werden die Blattläuse von Ameisen »gemolken«. Im Gegenzug werden die Pflanzenschädlinge vor ihren Fressfeinden geschützt. Zu den größten Fressfeinden der Blattläuse zählt der Marienkäfer.

**2d** Wildgänse und andere große Zugvögel fliegen in einer V-Formation. Diese Formation heißt so, weil sie wie der Buchstabe V aussieht. Die V-Formation sorgt für einen geringeren Luftwiderstand beim Fliegen. Dadurch sparen die Vögel Energie und können weite Strecken zurücklegen. Die Vögel wechseln untereinander ab, sodass immer ein anderer an der Spitze fliegt.

## 1. Welcher ist der größte Vogel der Welt?

*a) Afrikanischer Strauß*

*b) Zaunkönig*

*c) Riesen-Fischuhu*

*d) Steinadler*

---

## 2. Welche Säugetiere legen Eier?

*a) Waldelefanten*

*b) Kloakentiere*

*c) Berglöwen*

*d) Seehunde*

**1a** Der Afrikanische Strauß ist ein Laufvogel, der 2,50 Meter hoch und über 100 Kilogramm schwer werden kann. Der Strauß kann zwar nicht fliegen, aber dafür sehr schnell laufen: mit einer Geschwindigkeit von bis zu 70 km/h. Ein Straußenei wiegt bis zu zwei Kilogramm.

**2b** Die Kloakentiere sind die einzigen Säugetiere auf der Welt, die Eier legen. Normalerweise bringen Säugetiere ihre Jungen lebend zur Welt. Die Kloakentiere leben in Australien und Neuguinea. Sie heißen so, weil bei ihnen Darm, Harnleiter und Geschlechtsorgan in einer einzigen Öffnung, der Kloake, münden.

**1.** **Welche Spinne ist sehr giftig?**

*a) Strohwitwe*

*b) Schwarze Witwe*

*c) Lustige Witwe*

*d) Witwe Bolte*

**2.** **Was kann man mithilfe der Oktettmethode fangen?**

*a) Bären*

*b) Vögel*

*c) Fische*

*d) Regenwürmer*

**1b** Die Echten Witwen sind eine Spinnengattung mit über 30 Spinnenarten. Besonders giftig ist die Schwarze Witwe. Aber keine Bange: Nur sehr wenige Menschen sterben am Biss einer Schwarzen Witwe. Die Schwarze Witwe hat einen schwarzen Körper, der meistens rot, manchmal aber auch in anderen Farben gefleckt ist.

**2d** Mit der Oktettmethode werden Regenwürmer gefangen. Dazu werden acht Elektroden in einem Kreis in den Boden gestoßen. Dann wird Strom in den Boden geleitet und die Regenwürmer kriechen aus der Erde. Dann werden sie eingesammelt. Aber warum werden die Regenwürmer überhaupt gefangen? Nur um sie zu zählen.

## 1. In welchem Land gibt es die meisten Tiger?

*a) Brasilien*

*b) Schweiz*

*c) Indien*

*d) Kenia*

## 2. Wie heißt die Liste vom Aussterben bedrohter Tier- und Pflanzenarten?

*a) Schwarze Liste*

*b) Grüne Liste*

*c) Rote Liste*

*d) Weiße Liste*

**1c** Die meisten Tiger gibt es in Indien, etwa 1500. Insgesamt leben nur noch bis zu 5000 Tiger in freier Wildbahn. Der Tiger zählt zu den vom Aussterben bedrohten Tierarten. Trotzdem gibt es auch heute noch Wilderer, die ihnen nachstellen.

**2c** Auf der »Roten Liste« werden sowohl Tiere als auch Pflanzen eingetragen, die vom Aussterben bedroht sind. 2021 wurden auf der Roten Liste rund 37 500 als bedroht eingestuft. Die Rote Liste wird regelmäßig von der Weltnaturschutzorganisation IUCN erstellt.

## 1. Wer zählt in der Biologie zu den Menschenaffen?

*a) Koboldmaki*

*b) Mantelpavian*

*c) Rhesusaffe*

*d) Mensch*

## 2. Wobei handelt es sich nicht um einen Bären?

*a) Koalabär*

*b) Kragenbär*

*c) Pandabär*

*d) Brillenbär*

**1d** In der Biologie zählt auch der Mensch zu den Menschenaffen – neben den Orang-Utans, Gorillas und Schimpansen. Der nächste Verwandte des Menschen ist der Schimpanse, der in Afrika lebt. So wie der Mensch verwendet auch der Schimpanse Werkzeuge, zum Beispiel einen Stein, um eine Nuss zu knacken.

**2a** Obwohl wir häufig Koalabär zu ihm sagen, heißt er eigentlich nur Koala und ist auch kein Bär, sondern ein Beutelsäuger. Er lebt in Australien. Dort bewohnt er Bäume und ernährt sich von den Blättern, den Früchten und der Rinde verschiedener Eukalyptusarten.

## 1. Was können bestimmte Muscheln produzieren?

*a) Halsketten*

*b) Armbanduhren*

*c) Ohrringe*

*d) Perlen*

## 2. Was für ein Tier überträgt die Krankheit Malaria?

*a) Wespe*

*b) Ratte*

*c) Stechmücke*

*d) Schlange*

**1d** Es gibt tatsächlich Muscheln, die Perlen produzieren. Warum sie dies tun, darüber sind sich die Wissenschaftler nicht so ganz einig. Eine Perle gilt nur als »echte Perle«, wenn sie ohne menschliches Zutun gewachsen ist.

**2c** Die Krankheit Malaria wird in tropischen Ländern von der Anopheles-Stechmücke übertragen. Diese Stechmücke ist damit das gefährlichste Tier der Welt, denn an Malaria sterben auf der Welt jedes Jahr ein bis zwei Millionen Menschen. Ein anderes Wort für Malaria ist Sumpffieber.

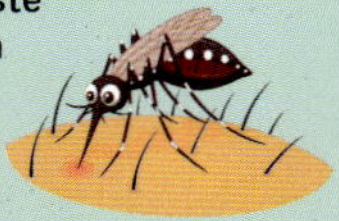

**1.** **Welcher Pinguin wird am größten?**

*a) Baronpinguin*

*b) Grafpinguin*

*c) Herzogpinguin*

*d) Kaiserpinguin*

**2.** **Was ist die schnellste Gangart eines Pferdes?**

*a) Trab*

*b) Galopp*

*c) Tölt*

*d) Schritt*

1d Der größte Pinguin der Welt ist der Kaiserpinguin. Er kann bis zu 1,30 Meter groß werden. Die Kaiserpinguine leben in der Antarktis und gehen dort im Ozean in einer Gruppe auf die Jagd nach Fischen, Tintenfischen und Krebstieren. Der Kaiserpinguin kann über 500 Meter tief tauchen.

2b Ein Pferd hat drei Grundgangarten, nämlich den Schritt, den Trab und den Galopp. Daneben gibt es noch einige besondere Gangarten wie zum Beispiel den Tölt und den Pass. Von allen Gangarten ist der Galopp am schnellsten.

## 1. Wie wird ein weiblicher Wal genannt?

*a) Kuh*

*b) Bache*

*c) Stute*

*d) Henne*

## 2. Welches dieser Tiere hat acht Beine?

*a) Floh*

*b) Küchenschabe*

*c) Ohrwurm*

*d) Skorpion*

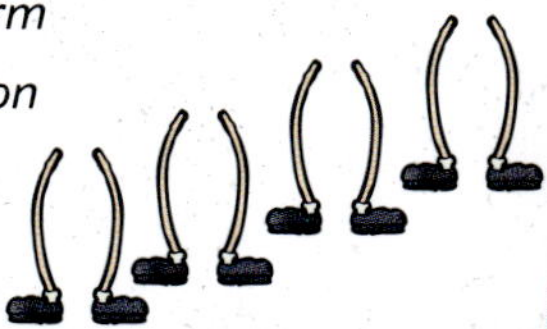

**1a** Genau wie bei den Rindern: Ein weiblicher Wal wird Kuh genannt, ein männlicher Wal Bulle und ein Jungtier Kalb. Allerdings leben Wale nicht wie Rinder in einer Herde zusammen, sondern man bezeichnet eine Gruppe von Walen als Schule.

**2d** Es gibt über 2000 Arten von Skorpionen und alle haben acht Beine. Skorpione zählen nämlich zu den Spinnentieren, und jedes Spinnentier hat acht Beine. Insekten haben hingegen lediglich sechs Beine. Skorpione haben einen Giftstachel in ihrem Schwanz. Das Gift der meisten Skorpione ist für den Menschen nicht schädlich.

**1.** **Welche Tierchen hausen in den Waitomo-Höhlen in Neuseeland?**

*a) Maikäfer*

*b) Regenwürmer*

*c) Glowworms*

*d) Honigbienen*

---

**2.** **Welches Tier wächst im Bauchbeutel seiner Mutter heran?**

*a) Lama*

*b) Känguru*

*c) Elefant*

*d) Biber*

**1c** Die Waitomo-Höhlen liegen auf der Nordinsel Neuseelands. Die Höhlen sind für ihre Glowworms bekannt. Diese Pilzmückenlarven hängen in den Höhlen von den Decken und leuchten bläulich. Mit dem Licht locken die Larven andere Insekten an, die sie dann genüsslich verspeisen.

**2b** Wie bei anderen Beuteltieren wächst auch beim Känguru das Junge im Bauch seiner Mutter heran. Nach der Geburt kriecht ein Kängurubaby von sich aus in den Beutel der Mutter und beginnt an einer Zitze zu saugen. Erst nach etwa einem halben Jahr verlässt das Kängurujunge den Beutel der Mutter.

**1.** Welche Tiere verständigen sich mit einer Tanzsprache?

*a) Bienen*

*b) Löwen*

*c) Springmäuse*

*d) Seepferdchen*

---

**2.** Wie heißt ein Stadium in der Entwicklung eines Schmetterlings?

*a) Puzzle*

*b) Murmel*

*c) Puppe*

*d) Teddy*

**1a** Honigbienen verständigen sich durch Tanzen. Ist eine Nahrungsquelle weiter entfernt, berichten die Bienen ihren Artgenossen mit dem Schwänzeltanz, in welcher Richtung und welcher Entfernung sich die Nahrung finden lässt. Zusätzlich kennen die Bienen den Rundtanz. Diesen verwendet eine Honigbiene dann, wenn sich die Nahrungsquelle in der Nähe des Bienenstocks befindet.

**2c** Die Entwicklung eines Schmetterlings beginnt mit einem Ei, aus dem eine Raupe entsteht. Aus der Raupe wird dann später eine Puppe, in der sich der fertige Schmetterling ausbildet. Auf der ganzen Welt gibt es rund 160 000 verschiedene Schmetterlingsarten.

**1.** **Vor wie vielen Jahren lebte der T-rex »Sue«, dessen Skelett 1990 (USA) gefunden wurde?**

*a) vor 500 Millionen Jahren*

*b) vor 200 Millionen Jahren*

*c) vor 67 Millionen Jahren*

*d) vor 12 Millionen Jahren*

---

**2.** **Die ersten Lebewesen auf der Erde bestanden aus nur einer...?**

*a) Höhle*

*b) Bude*

*c) Klause*

*d) Zelle*

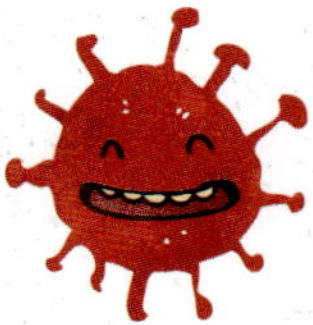

**1c** »Sue« lebte vor 67 Millionen Jahren. Es handelt sich dabei um das am besten erhaltene Skelett eines T-rex, das jemals gefunden wurde. Man weiß nicht, ob es sich bei »Sue« um ein Weibchen oder ein Männchen handelte. Benannt wurde das dreizehn Meter lange Skelett nach der Wissenschaftlerin Sue Hendrickson, die es 1990 in South Dakota, USA, fand.

**2d** Die ersten Lebewesen waren Einzeller, also Lebewesen, die aus nur einer einzigen Zelle bestanden. Forscher schätzen, dass es die ersten Einzeller wohl schon vor 3,5 Milliarden Jahren gab. Sie sollen in der Tiefsee entstanden sein. Einzellige Lebewesen gibt es auch heute noch, zum Beispiel das Pantoffeltierchen.

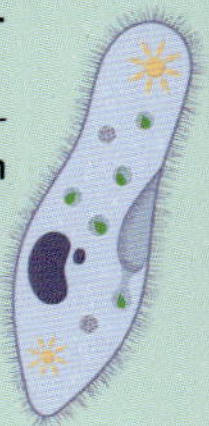

## 1. Welches Tier war ein Vorfahre des Elefanten?

*a) Mammut*

*b) Papput*

*c) Opput*

*d) Ommut*

## 2. Wie viele Hörner hatte die Dinosaurierart Triceratops?

*a) eines*

*b) zwei*

*c) drei*

*d) vier*

**1a** Die ersten Mammute, Vorfahren des Elefanten, gab es schon vor über fünf Millionen Jahren und die letzte Mammutart ist erst vor etwa 4000 Jahren ausgestorben. Am größten wurde das Steppen-Mammut mit einer Schulterhöhe von bis zu 4,50 Metern. Das Wollhaar-Mammut, das noch bis 1800 vor Christus in Nordsibirien lebte, war mit Schulterhöhen von unter 4 Metern deutlich kleiner.

**2c** Der Triceratops, eine bekannte Dinosaurierart, hatte drei Hörner und ein Nackenschild. Der griechische Name dieses Dinosauriers bedeutet übersetzt etwa »Dreihorngesicht«. Ein Triceratops konnte bis zu neun Meter lang und zwölf Tonnen schwer werden.

**1.** **Wie heißt eine Vogelart, die Ende des 17. Jahrhunderts ausstarb?**

*a) Dudu*

*b) Dodo*

*c) Didi*

*d) Dada*

**2.** **Welche Tiere gibt es schon seit 500 Millionen Jahren?**

*a) Dreinasen*

*b) Siebenzungen*

*c) Neunaugen*

*d) Elfohren*

**1b** Die Ende des 17. Jahrhunderts ausgestorbene Vogelart hieß Dodo. Der Dodo war ein flugunfähiger Vogel, den es nur auf der Insel Mauritius im Indischen Ozean gab. Jedes Jahr sterben auf der Erde Tausende Tierarten aus. Einige Forscher schätzen, dass es bis zu 58 000 Tierarten pro Jahr sein könnten, die es dann einfach nicht mehr gibt.

**2c** Das Neunauge ist ein Fischen ähnliches Wirbeltier, das es schon seit 500 Millionen Jahren gibt. Man spricht deshalb auch von einem lebenden Fossil. Neunaugen sind auf der ganzen Welt in Küstengewässern und in Süßwasser verbreitet. Obwohl ihr Name etwas anderes vermuten lässt, haben Neunaugen nur zwei Augen.

**1.** **Welche Tiere sollen von den Dinosauriern abstammen?**

*a) Elefanten*

*b) Spinnen*

*c) Vögel*

*d) Katzen*

**2.** **Am Ende welches Zeitalters starben die Dinosaurier aus?**

*a) Kreidezeit*

*b) Steinzeit*

*c) Eisenzeit*

*d) Bronzezeit*

**1c** Tatsächlich stammen die Vögel mit einer hohen Wahrscheinlichkeit von den Dinosauriern ab. Die meisten Forscher sind der Ansicht, dass die Vögel Nachfahren der Theropoden sind, kleiner Raubdinosaurier. So wurde im Jahr 2000 der Theropode Microraptor entdeckt, der in Bäumen gelebt und Federn gehabt haben soll.

**2a** Die Dinosaurier starben am Ende der Kreidezeit aus, das war vor etwa 65 Millionen Jahren. Die Wissenschaft weiß nicht genau, warum das geschah.

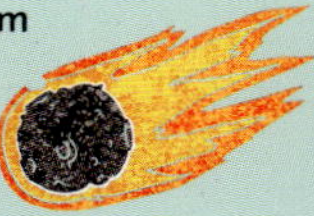

Eine Vermutung ist, dass die Erde in dieser Zeit von einem großen Meteoriten aus dem Weltall getroffen worden sein könnte. Eine andere ist, dass es einen verheerenden Vulkanausbruch gab.

## 1. Welches Tier wird »König der Vögel« genannt?

*a) Storch*

*b) Adler*

*c) Albatros*

*d) Schwan*

## 2. Wie nennt man den Fühler eines Insekts noch?

*a) Antenne*

*b) Sender*

*c) Mittelwelle*

*d) Transistor*

**1b** Der Adler ist eine Art besonders großer Greifvögel. Er wird manchmal »König der Vögel« genannt. Nach dem Löwen ist der Adler das zweithäufigste Wappentier. Am größten wird der Steinadler, dessen Flügelspannweite über zwei Meter betragen kann.

**2a** Der Fühler eines Insekts wird auch Antenne genannt. Mit seinen Antennen kann ein Insekt sowohl tasten als auch riechen. Insekten bevölkern schon seit mindestens 400 Millionen Jahren die Erde. Heute gibt es über 30 Millionen Insektenarten.

**1.** **Welches Tier kann bis zu 20 Minuten lang tauchen?**

*a) Iltis*

*b) Steinmarder*

*c) Biber*

*d) Dachs*

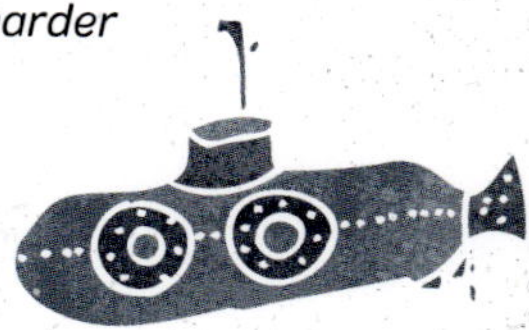

**2.** **Was für ein Tier ist der Mufflon?**

*a) Wildschwein*

*b) Wildschaf*

*c) Wildpferd*

*d) Wildrind*

**1c** Der Biber zählt zu den größten Nagetieren der Erde. Er lebt an Gewässern und errichtet dort Wohnbaue und Biberdämme. Der Biber ist ein ausgezeichneter Taucher: Obwohl er, wie der Mensch, mit Lungen atmet, kann er bis zu 20 Minuten unter Wasser verbringen, bevor er wieder auftaucht, um Luft zu holen.

**2b** Der Mufflon ist ein Wildschaf, das in gebirgigen Landschaften lebt. Männliche Mufflons nennt man Widder, weibliche Mufflons Schaf und die Mufflonjungen heißen Lämmer. Der Europäische Mufflon ist die kleinste Mufflonart, er wird von Jägern manchmal schlicht »Muffel « genannt.

## 1. Woraus bestehen die Stoßzähne von Elefanten?

*a) Hexenhand*

*b) Feenfuß*

*c) Nixenarm*

*d) Elfenbein*

## 2. Welche Inseln sind unter anderem für ihre Riesenschildkröten bekannt?

*a) Hawaii-Inseln*

*b) Galapagosinseln*

*c) Kanarische Inseln*

*d) Britische Inseln*

**1d** Die Stoßzähne von Elefanten bestehen aus Elfenbein. Dieses weiße Material wird für die Herstellung von Schmuck verwendet. Da Elfenbein sehr kostbar ist, werden viele Elefanten getötet, um an das Elfenbein zu gelangen. Deshalb zählt der Afrikanische Elefant zu den gefährdeten Tierarten.

**2b** Die Galapagosinseln liegen im Pazifischen Ozean und gehören zum südamerikanischen Land Ecuador. Dort leben die Galapagos-Riesenschildkröten, und zwar ziemlich lang. Ein Beispiel für eine Galapagos-Riesenschildkröte ist Harriet, die um das Jahr 1830 geboren wurde und 2006 in einem australischen Zoo starb – sie wurde also etwa 176 Jahre alt.

**1.** Wie heißt die größte Eulenart der Erde?

*a) Uhu*

*b) Ohc*

*c) Aha*

*d) Ihi*

**2.** Welche Raubkatze erreicht die höchsten Geschwindigkeiten?

*a) Leopard*

*b) Löwe*

*c) Tiger*

*d) Gepard*

**1a** Der Uhu ist die größte Eulenart der Erde. Er ist in Europa, Asien und Nordafrika heimisch und erreicht eine Körperhöhe von rund 70 Zentimetern. Der Uhu geht nachts auf die Jagd und verspeist gerne kleine Säugetiere und andere Vögel. Teile seiner Beute, die der Uhu nicht verdauen kann, würgt er wieder aus.

**2d** Der Gepard ist das schnellste Landtier der Welt. Bei der Jagd kann er Geschwindigkeiten von fast 100 Stundenkilometern erreichen. Diese hohe Geschwindigkeit kann er aber nur für wenige Sekunden aufrechterhalten.

1. Wie bezeichnet man ein männliches Reh?

*a) Bock*

*b) Elch*

*c) Hengst*

*d) Hirsch*

2. Was für ein Tier ist das »Braune Langohr«?

*a) Hase*

*b) Hund*

*c) Fledermaus*

*d) Fuchs*

**1a** Das Reh ist die kleinste Hirschart. Ein männliches Reh nennt man Bock, ein weibliches Reh Ricke oder Geiß und ein Rehjunges wird als Kitz bezeichnet. Droht Gefahr, legt eine Rehmama ihr Kitz an einem geschützten Ort ab und lockt den Angreifer weg. Ein Kitz darf niemals berührt werden, sonst kann es sein, dass seine Mutter es nicht mehr erkennt und verstößt.

**2c** Das Braune Langohr ist eine Fledermausart, die zur Gattung der Langohrfledermäuse zählt. Braune Langohren leben in den Wäldern Europas und Asiens. Ihren Winterschlaf halten sie aber in Höhlen. Wie der Name schon sagt, haben die Braunen Langohren sehr lange Ohren – diese sind fast so lang wie der Körper dieser Fledermäuse.

**1. Welches Insekt lebt in einem Staat mit einer Königin?**

*a) Stubenfliege*

*b) Honigbiene*

*c) Marienkäfer*

*d) Plattwanze*

---

**2. Unter welchem Namen ist die »Gemeine Küchenschabe« noch bekannt?**

*a) Kakerlake*

*b) Mehlwurm*

*c) Fruchtfliege*

*d) Kellerassel*

**1b** Die Honigbiene zählt zu den staatenbildenden Insekten. Jeder Bienenstaat hat eine Königin, deren Aufgabe es ist, Eier zu legen. Darüber hinaus gibt es die Arbeiterinnen, die Nektar und Pollen sammeln, die Bienenlarven aufziehen und den Bienenstock verteidigen. Die männlichen Drohnen sind für die Befruchtung der Bienenkönigin zuständig.

**2a** Die »Gemeine Küchenschabe« wird auch Kakerlake genannt. Dieses Insekt kann bis drei Zentimeter lang werden und sehr schnell krabbeln: Mit einer Geschwindigkeit von 1,5 Metern pro Sekunde gilt die Kakerlake als schnellstes Krabbelinsekt der Erde. Kakerlaken sind sehr widerstandsfähig und können sogar die Explosion einer Atombombe überleben.

**1. Welches dieser Tiere zählt zu den Walen?**

a) *Rochen*

b) *Seehund*

c) *Delfin*

d) *Katzenhai*

**2. Welcher »Bär« kann fliegen?**

a) *Purpurbär*

b) *Waschbär*

c) *Eisbär*

d) *Nasenbär*

**1c** Der Delfin zählt zu den Walen, genauer gesagt zu den Zahnwalen. Der größte Delfin ist der Schwertwal oder Orca mit einer Länge von rund acht Metern. Eine besonders bekannte Delfinart ist der Große Tümmler – ein Großer Tümmler spielt auch die Hauptrolle in der TV-Serie »Flipper«.

**2a** Der Purpurbär ist gar kein Bär, sondern ein goldgelb gefärbter Nachtfalter. Dieser Schmetterling gehört zu den sogenannten Bärenspinnern, von denen es weltweit rund 11 000 Arten gibt. Die Bärenspinner heißen so, weil ihre Raupen sehr stark behaart sind – wie ein Bär.

**1.** **Welche Tiere atmen mit Kiemen?**

*a) Vögel*

*b) Spinnen*

*c) Fische*

*d) Maulwürfe*

---

**2.** **Welche Käfer ernähren sich mit Vorliebe von Tierdung?**

*a) Mistkäfer*

*b) Pupskäfer*

*c) Kotkäfer*

*d) Güllekäfer*

**1c** Kiemen werden die Atmungsorgane von Fischen und einigen anderen Wassertieren genannt. Über die Kiemen wird der Sauerstoff aus dem Wasser aufgenommen und dem Blut der Tiere zugeführt.

**2a** Es gibt über 150 Mistkäferarten. Sie heißen so, weil sie sich mit Vorliebe von Tierdung ernähren, genauer gesagt vom Dung pflanzenfressender Säugetiere. Sehr interessant: Für eine Unterart der Mistkäfer wurde nachgewiesen, dass diese sich am Sternenhimmel orientieren können, um den Weg zu Nahrungsquellen wiederzufinden.

**1.** **Junge Wildschweine nennt man auch …?**

*a) Neulinge*

*b) Jünglinge*

*c) Frischlinge*

*d) Erstlinge*

**2.** **Welches dieser Tiere zählt zu den Menschenaffen?**

*a) Meerkatze*

*b) Pavian*

*c) Berberaffe*

*d) Gorilla*

**1c** Junge Wildschweine werden Frischlinge genannt. Das Geburtsnest für die Frischlinge ist der »Wildkessel«. Männliche Wildschweine heißen Keiler und weibliche Wildschweine Bache. Wildschweinfamilien leben in einer Gruppe zusammen, die als Rotte bezeichnet wird.

**2d** Neben dem Menschen zählen Gorillas, Orang-Utans und Schimpansen zu den Menschenaffen. Gorillas sind die größten Affen der Erde. Gorillamännchen können in menschlicher Obhut ein Gewicht von bis zu 350 Kilogramm erreichen. Gorillas sind in Afrika zu Hause.

**1.** **Welches ist ein bekannterer Name für das Rhinozeros?**

*a) Giraffe*

*b) Nashorn*

*c) Nilpferd*

*d) Zebra*

---

**2.** **Wie viele Fledermäuse sterben in Deutschland jedes Jahr durch Windkraftanlagen?**

*a) 2500*

*b) 25 000*

*c) 250 000*

*d) 2,5 Millionen*

**1b** Rhinozeros ist eine andere Bezeichnung für das Nashorn. Es gibt verschiedene Nashornarten in Afrika und in Asien – allerdings gibt es insgesamt nur noch wenige Nashörner, da deren Lebensraum mehr und mehr vernichtet wird und viele Nashörner Wilderern zum Opfer fallen.

**2c** Jedes Jahr kommen in Deutschland 250 000 Fledermäuse durch Windkraftanlagen ums Leben. Außerdem sterben in den Windkraftanlagen viele Vögel und Insekten. Auch Menschen, die in der Nähe von Windkraftanlagen leben, können gesundheitlich geschädigt werden, da diese andauernden Lärm erzeugen.

**1.** **Was für ein Tier ist die Grasmücke?**

*a) Vogel*

*b) Insekt*

*c) Nagetier*

*d) Schlange*

---

**2.** **Welches Tier ernährt sich hauptsächlich von Eukalyptusblättern?**

*a) Koala*

*b) Pandabär*

*c) Känguru*

*d) Zebra*

1a Die Grasmücke ist ein Singvogel. Grasmücken sind grau-braun gefärbt und leben in Wäldern und Gebüschen. Der Name des Vogels hat nichts mit der Mücke zu tun. Das Wort Grasmücke stammt aus dem Althochdeutschen und bedeutet (laut Duden) »Grasschlüpferin«.

2a Der Koala lebt in Australien. Er ist ein Baumbewohner und ernährt sich fast nur von Eukalyptusblättern. Bei den großen Buschbränden in Australien in den Jahren 2019 und 2020, ausgelöst durch eine große Dürre und Hitze, kamen rund 40 Prozent der Koalas ums Leben.

**1.** **Welches dieser Tiere ist kein Wasserbewohner?**

*a) Meeresschnecke*

*b) Seepferdchen*

*c) Seelachs*

*d) Silberfischchen*

---

**2.** **Wie heißt die Behausung eines Eichhörnchens?**

*a) Villa*

*b) Kobel*

*c) Finca*

*d) Chalet*

**1d** Die Fischchen sind eine Gattung der Insekten, die es schon seit 300 Millionen Jahren gibt. Zu dieser Gattung zählt auch das Silberfischchen. Das Silberfischchen liebt Zucker und Wärme und kommt deshalb häufig in Wohnungen vor. Sie fressen aber auch Schädlinge wie Hausstaubmilben und Schimmelpilze.

**2b** Die Behausung eines Eichhörnchens wird Kobel genannt. Das sind kugelförmige »Baumhäuser« aus Zweigen und Blättern. Im Winter legen sich Eichhörnchen Nussvorräte an, die sie an unterschiedlichen Stellen vergraben. Wenn sie ihre Winterruhe unterbrechen, graben sie die Nüsse aus.

**1.** **Welcher Vogel lässt seine Eier von anderen Vögeln ausbrüten?**

*a) Kuckuck*

*b) Elster*

*c) Amsel*

*d) Habicht*

**2.** **Welches Tier lebt fast ausschließlich unter der Erde?**

*a) Vogelspinne*

*b) Maulwurf*

*c) Faultier*

*d) Igel*

**1a** Der Kuckuck ist ein sogenannter Brutparasit: Er legt seine Eier in die Nester von anderen Vögeln und lässt diese die Eier ausbrüten. Da der Kuckuck ein relativ großer Vogel ist, führt dies dazu, dass das Kuckucksküken oft größer ist als seine »Pflegeeltern«.

**2b** Der Maulwurf, der 2020 das »Tier des Jahres« in Deutschland und Österreich war, verbringt die meiste Zeit seines Lebens unter der Erde. Dort ernährt er sich von Insekten. Der Maulwurf liebt es, unterirdische Gänge zu graben. Den Erdaushub findet man dann an der Oberfläche als Maulwurfshügel.

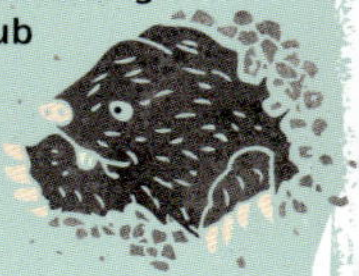

## 1. Was nutzen Fledermäuse zur Orientierung?

*a) Röntgenstrahlen*

*b) UV-Strahlen*

*c) Infrarotlicht*

*d) Ultraschall*

## 2. Welcher Tiger wird am größten?

*a) Javatiger*

*b) Kaspischer Tiger*

*c) Sibirischer Tiger*

*d) Balitiger*

**1d** Fledermäuse orientieren sich mit Ultraschall. Da sie oft nach Insekten jagen, wenn es stockdunkel ist, stoßen die Fledermäuse Ultraschallwellen aus. Die Dinge in der Umgebung der Fledermäuse geben daraufhin ein Echo zurück, sodass die Fledermäuse die Position dieser Dinge bestimmen können.

**2c** Der Sibirische Tiger gilt nicht nur als größter Tiger, sondern auch als größte Katze der Welt, noch vor dem Löwen. Der Sibirische Tiger kann eine Länge von zwei Metern erreichen (ohne Schwanz) und ein Gewicht von 250 Kilogramm. Der Sibirische Tiger gilt wie die meisten anderen Tigerarten auch als stark gefährdet.

**1.** **Welche Spinne hat schwarz-weiße Streifen auf ihrem Körper?**

*a) Eselstanzspinne*

*b) Zebraspringspinne*

*c) Wolfshüpfspinne*

*d) Rattenrotierspinne*

---

**2.** **Kaulquappen nennt man die Larven von Fröschen, Kröten und ...?**

*a) Unken*

*b) Anken*

*c) Orken*

*d) Enken*

**1b** Die Zebraspringspinne wird auch Harlekinspringspinne genannt. Sie ist an ihrem schwarz-weiß gestreiften Körper erkennbar. Auf der Jagd springt die Zebraspringspinne ein Insekt aus einigen Zentimetern Entfernung an und beißt es, um ihr Gift zu übertragen. Für Menschen ist das Gift ungefährlich.

**2a** Frösche, Kröten und Unken zählen zu den Froschlurchen, und deren Larven werden Kaulquappen genannt. Unken werden manchmal auch Feuerkröten genannt, sind aber keine Kröten. Froschlurchen leben gerne an Teichen.

## 1. Wie schwer konnte ein Brontosaurus werden?

*a) 300 Kilogramm*

*b) 3 Tonnen*

*c) 30 Tonnen*

*d) 300 Tonnen*

## 2. Was machen Stechmücken?

*a) sie stechen nicht, sie beißen*

*b) nur die Weibchen saugen Blut*

*c) sie haben acht Beine*

*d) sie zählen zu den Ameisen*

**1c** Der pflanzenfressende Brontosaurus konnte 30 Tonnen schwer werden. Er lebte vor etwa 150 Millionen Jahren. Mit seinem Gewicht war er deutlich schwerer als ein Afrikanischer Elefant, denn dieser wiegt »nur« sechs Tonnen. Ein Skelett des Brontosaurus wurde im 19. Jahrhundert in Como Bluff (USA) gefunden.

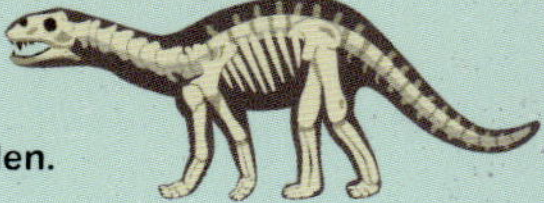

---

**2b** Nur die weiblichen Stechmücken saugen Blut. Dazu verwenden sie einen Stechrüssel. Das Blut benötigen die Stechmücken, um Eier zu bilden, aus denen dann weitere Stechmücken entstehen können. Beim Blutsaugen können Stechmücken in manchen Ländern gefährliche Krankheiten übertragen, zum Beispiel Malaria.

## 1. Wie viele Halswirbel hat eine Giraffe?

*a) 7*

*b) 15*

*c) 38*

*d) 94*

## 2. Welches ist der größte Vogel, der auf der Erde lebt?

*a) Kaiserpinguin*

*b) Weißkopfseeadler*

*c) Riesenkolibri*

*d) Afrikanischer Strauß*

**1a** Obwohl die Giraffe, ein bis zu sechs Meter hohes Tier, so einen langen Hals hat, hat sie doch – wie fast alle Wirbeltiere und der Mensch – nur sieben Halswirbel. Die Halswirbel sind dafür aber sehr lang. Viele Giraffen wurden früher wegen ihres imposanten Aussehens von Großwildjägern erlegt. Heute zählen sie deshalb zu den gefährdeten Tierarten.

**2d** Der Afrikanische Strauß kann 2,5 Meter groß werden und ist damit der größte Vogel der Erde. Seine ursprüngliche Heimat ist Afrika. Heute wird der Afrikanische Strauß aber auch an vielen Orten als Fleischlieferant gezüchtet. Der Afrikanische Strauß kann nicht fliegen, aber dafür mit einer Geschwindigkeit von bis zu 70 Stundenkilometern laufen.

## 1. Was für ein Tier ist der Ziegenmelker?

*a) ein Vogel*

*b) ein Fisch*

*c) ein Nagetier*

*d) eine Katze*

## 2. Den Schwanz welches Tieres nennen Jäger »Blume«?

*a) Hase*

*b) Fuchs*

*c) Hirsch*

*d) Ratte*

**1a** Der Ziegenmelker ist ein Vogel, der in der Dämmerung und nachts aktiv wird. Deshalb sieht man ihn kaum. Seinen Namen hat der Ziegenmelker, weil man in der Antike das Gerücht verbreitete, dass dieser Vogel nachts die Milch von Ziegen saugen würde. Der Ziegenmelker ernährt sich von Insekten.

**2a** Jäger nennen den Schwanz eines Hasen »Blume«. Seine Ohren heißen »Löffel«. Seine Augen sind die »Seher«. Und die Hinterläufe eines Hasen nennen Jäger »Sprünge«.

**1. Welches Tier kann man am Südpol finden?**

*a) Pelikan*

*b) Kranich*

*c) Flamingo*

*d) Pinguin*

---

**2. Welche Organisation setzt sich für Tierrechte ein?**

*a) BELLO*

*b) MAUNZI*

*c) PIEP*

*d) PETA*

**1d** Der Pinguin hat seine Heimat auf der Südhalbkugel der Erde, teilweise lebt er auch am Südpol. Pinguine können nicht fliegen, aber dafür ausgezeichnet schwimmen und tauchen. Am größten wird der Kaiserpinguin, er kann bis zu 1,2 Meter groß werden.

**2d** PETA ist die Abkürzung für »People for the Ethical Treatment of Animals«, das bedeutet in etwa »Menschen für den ethischen Umgang mit Tieren«. PETA setzt sich auf der ganzen Welt für die Rechte von Tieren ein, unter anderem durch Medienkampagnen, aber auch durch verschiedene Aktionen.

**1.** **Welches Tier ist das Markenzeichen der Naturschutzorganisation WWF?**

*a) Puma*

*b) Elefant*

*c) Pandabär*

*d) Giraffe*

---

**2.** **Was stellen Menschen im Garten auf, um Insekten eine Unterkunft zu bieten?**

*a) ein Insektenschloss*

*b) ein Insektenzelt*

*c) ein Insekteniglu*

*d) ein Insektenhotel*

1c Das Markenzeichen des WWF ist der Große Panda – der Pandabär. Der WWF – die Abkürzung steht für »World Wide Fund for Nature« – wurde im Jahr 1961 gegründet. Das wichtigste Ziel dieser Organisation ist es, bedrohte Tiere und Pflanzen auf der ganzen Erde zu schützen, zum Beispiel Tiger, Delfine, Eisbären, Nashörner, Mahagonigewächse und viele mehr.

2d Nisthilfen für Insekten werden auch als Insektenhotel bezeichnet. Viele Menschen stellen solche Insektenhotels in ihren Gärten auf, um Insekten eine Unterkunft zu bieten. Insektenhotels werden zum Beispiel von Hummeln, verschiedenen Wespenarten oder Ohrwürmern gerne genutzt.

## 1. Welcher Fisch wird am größten?

*a) Wolfsbarsch*

*b) Seeteufel*

*c) Walhai*

*d) Roter Thun*

## 2. Welcher dieser Affen zählt zur Gattung der Schimpansen?

*a) Orang-Utan*

*b) Bonobo*

*c) Pavian*

*d) Gibbon*

**1c** Der Walhai kann über 12 Meter lang werden. Er ist damit der größte Hai und gleichzeitig auch der größte Fisch der Welt. Wale können noch viel größer werden, der Blauwal zum Beispiel bis zu 33 Meter. Wale zählen aber nicht zu den Fischen.

**2b** Den Bonobo nennt man auch Zwergschimpanse. Zusammen mit dem größeren »Gemeinen Schimpansen« gehört er zur Gattung der Schimpansen und damit auch zur Familie der Menschenaffen. Bonobos haben ihre Heimat in der Demokratischen Republik Kongo in Afrika.

**1.** **Welchen Weltrekord hält die Bienenelfe?**

*a) hungrigste Spinne*

*b) kleinster Vogel*

*c) schnellster Fisch*

*d) fleißigstes Insekt*

---

**2.** **Das in Afrika beheimatete Zebra zählt zu den ...?**

*a) Büffeln*

*b) Antilopen*

*c) Pferden*

*d) Giraffen*

**1b** Die Bienenelfe gilt als kleinster Vogel der Welt. Vom Schnabel bis zum Schwanz misst sie nur fünf bis sieben Zentimeter, ihr Gewicht beträgt nicht einmal zwei Gramm. Die Bienenelfe zählt zur Familie der Kolibris und kommt nur auf der Karibikinsel Kuba vor.

**2c** Das Zebra ist eine afrikanische Pferdeart. Sein Fell ist schwarz-weiß gestreift. Obwohl das Zebra zu den Pferden zählt, kann man nicht darauf reiten, da es sich nicht zähmen lässt. Seinen Namen hat das Zebra im 15. Jahrhundert von portugiesischen Seefahrern erhalten.

## 1. Welches dieser Tiere zählt nicht zu den Robben?

*a) See-Elefant*

*b) Walross*

*c) Seehund*

*d) Seehase*

## 2. Kängurus können vieles, aber was können sie nicht?

*a) schwimmen*

*b) rückwärts hüpfen*

*c) riechen*

*d) beißen*

**1d** Während See-Elefant, Walross und Seehund zu den Robben gehören, ist der Seehase ein Fisch, der im Atlantischen Ozean vorkommt. Da der Seehase nicht schnell schwimmen kann, bietet er Robben eine beliebte Mahlzeit.

**2b** Kängurus können schwimmen, riechen und beißen, aber sie können nicht rückwärts hüpfen. Dabei wäre ihnen ihr langer Schwanz im Weg. Bei Boxkämpfen zwischen Kängurus kann es aber schon mal vorkommen, dass eines nach hinten gestoßen wird.

**1.** **Welches Tier kann bis zu 500 Jahre alt werden?**

*a) Grönlandhai*

*b) Weißhaubenkakadu*

*c) Galapagos-Riesenschildkröte*

*d) Königspython*

**2.** **Große Vögel wie Adler oder Störche bauen zum Nisten einen …?**

*a) Erwin*

*b) Gregor*

*c) Horst*

*d) Hauke*

**1a** Kein Wirbeltier wird älter als der Grönlandhai. Der bis zu acht Meter lange Hai, der vor allem im Nordatlantik lebt, kann tatsächlich bis zu 500 Jahre alt werden. Aber auch Galapagos-Riesenschildkröten werden sehr alt: 2006 starb ein Exemplar dieser Schildkrötenart im Alter von 270 Jahren.

**2c** Das Nest großer Vögel wird Horst genannt. Adler zum Beispiel bauen zum Nisten einen Adlerhorst und Störche einen Storchenhorst. So ein Horst kann sehr groß werden, bei einem Storchenhorst ist ein Durchmesser von zwei Metern möglich.

## 1. Welchen dieser Haie gibt es wirklich?

*a) Steckschlüsselhai*

*b) Zangenhai*

*c) Schraubendreherhai*

*d) Hammerhai*

## 2. Welches dieser Tiere ist kein Fisch?

*a) Seepferdchen*

*b) Seeschmetterling*

*c) Seeadler*

*d) Seefledermaus*

**1d** Es gibt mehrere Arten von Hammerhaien. Allen gemeinsam ist, dass ihr Kopf so verbreitert ist, dass er fast so wie ein Hammer aussieht. Der »Große Hammerhai« kann über sechs Meter lang werden.

**2c** Der Seeadler ist ein großer Greifvogel, der eine Flügelspannweite von fast 2,5 Metern erreichen kann. Seepferdchen, Seeschmetterlinge und Seefledermäuse sind hingegen Fische – auch wenn sie ziemlich komisch aussehen.

**1.** **Eine sogenannte Seeblase ist ...?**

*a) der Australische Raddampfer*

*b) das Amerikanische Segelschiff*

*c) die Portugiesische Galeere*

*d) das Niederländische U-Boot*

---

**2.** **Zugvögel überwintern im Süden. Wie nennt man Vögel, die zu Hause bleiben?**

*a) Ampelvogel*

*b) Standvogel*

*c) Ofenvogel*

*d) Parkvogel*

**1c** Die Portugiesische Galeere ähnelt äußerlich einer Qualle, ist jedoch eine Seeblase. Droht Gefahr, leert dieses Tier seine Gasblase und kann dadurch rasch in die Tiefe tauchen. Portugiesische Galeeren haben giftige Tentakel. Diese zu berühren, kann für den Menschen sehr schmerzhaft sein.

**2b** Während ein Zugvogel in der kalten Jahreszeit in Richtung Süden fliegt, bleibt ein Standvogel das ganze Jahr am gleichen Ort. Bekannte Standvögel sind zum Beispiel die Amsel, der Fink oder das Rotkehlchen. Der Kuckuck, die Nachtigall oder der Weißstorch sind beispielsweise Zugvögel.

**1.** **Das Weibchen welcher Tierart wird Fähe genannt?**

*a) Fuchs*

*b) Igel*

*c) Hase*

*d) Bär*

---

**2.** **Wer ist der Vater eines Maultiers?**

*a) ein Faultier*

*b) ein Esel*

*c) ein Krokodil*

*d) ein Maulwurf*

**1a** Fähe nennt man die Weibchen kleinerer Raubtierarten, also auch ein Fuchsweibchen. Auch die Weibchen der verschiedenen Marderarten, also zum Beispiel ein Dachsweibchen, werden Fähe genannt. Ein Fuchsmännchen nennt man – wie einen männlichen Hund – Rüde.

**2b** Das Maultier ist eine Kreuzung aus Pferd und Esel, wobei das Pferd das Weibchen ist (die Stute) und der Esel das Männchen (der Hengst). Wäre der Vater das Pferd und die Mutter der Esel, dann wäre das Ergebnis der Kreuzung ein Maulesel.

1. Das Lama ist eine südamerikanische Art der ...?

*a) Pferde*

*b) Giraffen*

*c) Ziegen*

*d) Kamele*

2. Wie viele Mägen hat eine Kuh?

*a) einen*

*b) zwei*

*c) drei*

*d) vier*

**1d** Das Lama ist eine Art der Kamele. Es ist in Südamerika in den Anden heimisch, der längsten Gebirgskette der Erde. Siehst du einmal ein Lama im Zoo, überlege dir gut, ob du ihm nahe kommen willst – es könnte dich nämlich anspucken.

**2d** Da die Kuh zu den Wiederkäuern gehört, hat sie nicht nur einen Magen, sondern vier. Frisst eine Kuh, so gelangt das Futter zunächst in den Pansen und anschließend in den Netzmagen. Von dort geht das Futter zurück ins Maul, bevor es schließlich in den Blättermagen und dann in den Labmagen wandert.

**1.** **Wie heißt bei den Honigbienen die Biene, die als einzige Nachwuchs bekommen kann?**

*a) Bienenchefin*

*b) Bienenpräsidentin*

*c) Bienenkönigin*

*d) Bienenministerin*

**2.** **Wovon ernähren sich »Carnivoren« hauptsächlich?**

*a) von Karotten*

*b) von Fleisch*

*c) von Kräutern*

*d) von Eiern*

**1c** Nur die Bienenkönigin ist in einem Volk von Honigbienen geschlechtsreif und kann Nachwuchs bekommen. Pollen werden nur von den »Arbeiterinnen« gesammelt. Männliche Honigbienen – die »Drohnen« – versuchen nur, die Bienenkönigin zu begatten. Nach der Begattung der Bienenkönigin sterben die Drohnen sofort.

**2b** Als Carnivoren bezeichnet man Fleischfresser, also zum Beispiel Raubtiere wie Tiger oder Eisbären. Die meisten Menschen essen zwar auch Fleisch, sie zählen jedoch zu den Omnivoren – den Allesfressern. Ernährt sich ein Tier rein pflanzlich, wird es den Herbivoren zugerechnet.

**1.** Wie lautet ein anderer Name für das niedliche Kurzschwanzkänguru?

*a) der Quokka*

*b) der Emu*

*c) der Koala*

*d) der Wombat*

**2.** Welches Tier rollt sich zu einer Kugel zusammen, wenn es sich bedroht fühlt?

*a) Kugelfisch*

*b) Katze*

*c) Murmeltier*

*d) Igel*

**1a** Der Quokka lebt – wie der Emu, der Koala und der Wombat – auf dem Kontinent Australien, doch nur er ist das Kurzschwanzkänguru. Ein Großteil der Quokkas lebt auf der australischen Insel Rottnest. Dieses Wort bedeutet »Rattennest« – niederländische Seefahrer hatten die Quokkas nämlich irrtümlich für Ratten gehalten.

**2d** Ein Igel kann nicht besonders schnell laufen, deshalb rollt er sich ein, wenn er sich bedroht fühlt. Dadurch wird er zu einer Art Stachelkugel, die ihn vor vielen Fressfeinden schützen kann.

**1.** **Coloradokäfer ist ein anderer Name für den ...?**

*a) Kartoffelkäfer*

*b) Tomatenkäfer*

*c) Zucchinikäfer*

*d) Kohlrabikäfer*

**2.** **Nicht nur Papageien können die menschliche Sprache imitieren, sondern auch der ...?**

*a) Alk*

*b) Uhu*

*c) Beo*

*d) Ani*

**1a** Der Kartoffelkäfer und seine Larven ernähren sich von Kartoffelpflanzen und können ganze Kartoffelfelder vernichten. Ursprünglich stammt der Käfer aus Mexiko, aber weil man später eine große Zahl der Käfer im amerikanischen Bundesstaat Colorado fand, gab man ihm den Spitznamen Coloradokäfer.

**2c** Der Beo lebt in Asien und gehört zur Familie der Stare. Sein Gefieder ist schwarz, sein Schnabel gelb. Beos können die menschliche Sprache sehr gut nachahmen, allerdings sprechen sie ziemlich laut.

**1.** **Was für ein Tier ist »Moby Dick« im gleichnamigen Roman von Herman Melville?**

*a) Elefant*

*b) Pferd*

*c) Tiger*

*d) Wal*

**2.** **Mit wem zieht die Kinderbuchfigur Nils Holgersson durch Schweden?**

*a) mit Wildpferden*

*b) mit Wölfen*

*c) mit Elchen*

*d) mit Wildgänsen*

**1d** Moby Dick ist ein weißer Pottwal. Kapitän Ahab macht mit seinem Walfangschiff »Pequod« Jagd auf ihn, weil er durch Moby Dick einst ein Bein verloren hat. Den spannenden Abenteuerroman »Moby Dick« veröffentlichte der amerikanische Schriftsteller Herman Melville im 19. Jahrhundert.

**2d** Die schwedische Schriftstellerin Selma Lagerlöf veröffentlichte 1906 den Roman »Die wunderbare Reise des kleinen Nils Holgersson mit den Wildgänsen«. Das Buch handelt vom 14-jährigen Jungen Nils, der wegen seiner bösen Streiche in ein Wichtelmännchen verwandelt wird und zusammen mit den Wildgänsen durch Schweden zieht.

**1.** **Was für ein Tier ist die Animationsfigur Shaun?**

*a) Hund*

*b) Schaf*

*c) Pferd*

*d) Maus*

**2.** **Welches ist das Fisch-Siegel, das eine Überfischung der Meere verhindern soll?**

*a) BVB*

*b) FCB*

*c) HSV*

*d) MSC*

**1b** Shaun das Schaf tauchte zum ersten Mal in einer Folge von »Wallace & Gromit« auf. Seit 2007 hat Shaun das Schaf seine eigene Fernsehserie und kommt darin immer wieder auf witzige Ideen. Auch in einem Kinofilm war Shaun das Schaf bereits zu sehen, nämlich in »Shaun das Schaf – Der Film«.

**2d** Die Abkürzung MSC steht für »Marine Stewardship Council«. Dieses Fischsiegel wurde 1997 ins Leben gerufen, um weltweit eine nachhaltige Fischerei zu fördern, also dafür zu sorgen, dass die Meere nicht überfischt werden.

**1.** Die Veränderung von Merkmalen bei Lebewesen im Lauf vieler Jahre nennt man …?

*a) Fluktuation*

*b) Evolution*

*c) Ovulation*

*d) Addition*

---

**2.** Welches dieser Insekten hat Zangen am Hinterleib?

*a) Steinhummel*

*b) Distelfalter*

*c) Marienkäfer*

*d) Ohrwurm*

**1b** Das Wort Evolution stammt vom lateinischen »evolvere« ab, das »entwickeln« bedeutet. Die Evolution ist eine Entwicklung sehr langer Zeiträume. Grundlage für die Evolution ist dabei die Vererbung von Merkmalen. Im Lauf der Zeit setzen sich stets solche Merkmale durch, die für ein Überleben in der Natur am besten geeignet sind.

---

**2d** Der Ohrwurm ist im Garten ein Nützling, der unter anderem Blattläuse frisst. Die Zangen am Hinterleib wirken zwar bedrohlich, sind für den Menschen aber völlig harmlos. Erzählungen, wonach die Ohrwürmer den Menschen ins Ohr kriechen, sind natürlich Quatsch.

Text: Philip Kiefer
Covermotiv: Moni Griebl
Layout und Satz: Stefanie Baiter

ISBN 978-3-8458-5234-8

www.arsedition.de

MIX
Papier aus verantwortungsvollen Quellen
FSC® C020056
www.fsc.org

Bildnachweis

© stock.adobe.com: a7880ss; AlexPfeiffer; alionaprofAquarius; arvydass; auntspraybigmouse108; bullet_chained; Capnord; creative_jen; criskorah; danceyourlife; dennisjacobsen;djvstock; DS light photography; fotoevent24; Gstudio; Guz Anna; Happypictures; J.C.Salvadores; James Stone; James; Jan; Joern; Kazakova Maryia;L.Darinlineartestpilot; macrovector; matiasdelcarmine; Matiasdelcarmine; Matthieu Tuffet; NADEZHDA; Noemie; Olga Serova; PIOTR; Raphaël Haentjens; RealityImages; Ruckszio; sozai-koyomi; Steve Munro; Szasz-Fabian Jozsef; tigatelu; Tim's insects; Vladimir; wawritto; wildlifephoto-demmel; Yuliya

# Es gibt noch mehr zu entdecken:

ISBN 978-3-8458-5232-4

ISBN 978-3-8458-5233-1

ISBN 978-3-8458-5235-5

Mehr Infos zu den Büchern finden Sie unter **www.arsedition.de**
Newsletter abonnieren: **www.arsedition.de/newsletter**